LECKERE Kürbis-Rezepte

Vorspeisen & Beilagen

Kuchen, Desserts & Eingemachtes

Suppen & Hauptgerichte

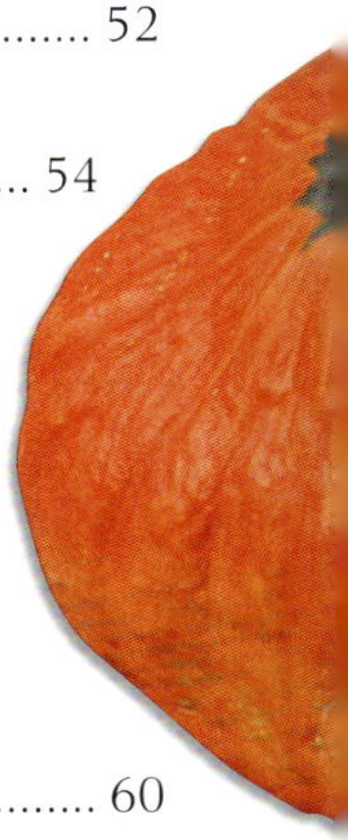

Der Kürbis ist nicht nur für eine herbstliche Dekoration besonders gut geeignet. Auch kulinarisch setzt er Akzente. Und zwar weit über die allseits bekannte Kürbissuppe hinaus.

Speisekürbisse – ob mehlig, fest oder saftig – sind eine Bereicherung für eine schmackhafte, gesunde Ernährung. Was sich mit

Vorwort

dieser „Riesenbeere“ Tolles zaubern lässt, zeigen die Rezepte in diesem Buch. Bei jeder Rezeptidee spielt der Kürbis die Hauptrolle. Dabei eignet sich die jeweilige Kürbissorte – wie bei den Kartoffeln – für die unterschiedlichsten Gerichte. Kürbisfans, die gern kochen, können in dieser Rezeptsammlung aus dem Vollen schöpfen.

Je nach Beschaffenheit des Fruchtfleisches lassen sich köstliche Suppen, leckere Aufläufe und Eintöpfe, raffinierte Vorspeisen und Beilagen sowie süße Dessert- und Kuchenideen kreieren. Auch fürs „Eingemachte“ ist der Kürbis ideal. So kann man ihn das ganze Jahr genießen – nicht nur im Herbst.

Der Kürbis – eine langweilige Frucht? Mitnichten. Kochen Sie das eine oder andere Rezept doch einmal nach. Sie werden feststellen: Der Kürbis ist ein kulinarischer Tausendsassa und in seiner geschmacklichen Vielfalt einfach überzeugend.

Viel Erfolg bei der Zubereitung der „Leckeren Kürbisgerichte“.

Kürbis-Mozzarella-Auflauf S. 48

Kürbiswaffeln S. 82

Vorspeisen & Beilagen

Gebratene Kürbisspalten

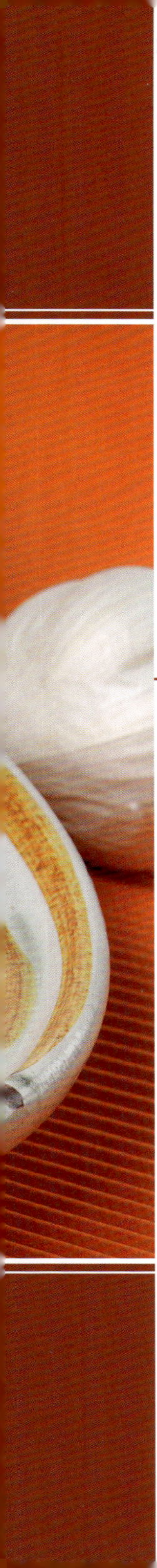

ZUTATEN *(für 4 Personen)*
12 Kürbisscheiben, feste Sorte
(z. B. Butternut, Delica, Hokkaido)
Salz, Pfeffer
1 durchgepresste Knoblauchzehe
1 TL Oregano, frisch oder getrocknet
1 TL Thymian, frisch oder getrocknet
1 TL Rosmarin, frisch oder getrocknet
2 EL Öl

Gebratene Kürbisspalten

ZUBEREITUNG

DIE KÜRBISSCHEIBEN in Spalten schneiden und beidseitig salzen und pfeffern.

MIT KNOBLAUCH bestreichen, mit Oregano, Thymian und Rosmarin bestreuen und in Öl braten.

TIPP 1: *Für diese Beilage lässt sich auch eine eher saftige Kürbissorte verwenden wie z. B. Zucchini, Rondini oder Squash. Dann empfiehlt es sich, die Kürbisscheiben vorher leicht mit Mehl zu bestäuben.*

TIPP 2: *Zusammen mit einem pikanten Kräuterdip sind gebratene Kürbisspalten eine wunderbare Vorspeise.*

ZUTATEN *(für 4 Personen)*
4 Squashes (z. B. Pâtisson, Rondini, Zucchini)
Wahlweise kleine Winterkürbisse
(z. B. Golden Nugget, Mandarin, Table Queen)

FÜR DIE FÜLLUNG:
200 g Ricottakäse
100 g Emmentaler, gerieben
1 kl. Bd. Petersilie, gehackt
1 Stiel frisches Basilikum (alternativ
1 EL getrocknetes Basilikum)
2 EL gehackte Kürbiskerne
200 g Shrimps oder
200 g gewürfelter Schinken (nach Belieben)

ALTERNATIVE FÜLLUNG:
200 g Schafskäse
100 g grüne oder schwarze Oliven, gehackt
1 kl. durchgepresste Knoblauchzehe
Salz, Pfeffer
1 Stiel Basilikum
100 g Emmentaler, gerieben
2 EL gehackte Kürbiskerne

Gefüllte Squashes

ZUBEREITUNG
VON DEN KÜRBISSEN den Deckel abschneiden, die Früchte aushöhlen und in eine Auflaufform stellen.

DIE FÜR DIE GEWÄHLTE FÜLLUNG angegebenen Zutaten miteinander vermengen und die Kürbisse damit befüllen.

BEI 200 °C UMLUFT im vorgeheizten Backofen 30 Minuten backen.

Gefüllte Squashes

Herzhafte Kürbisrohkost

ZUTATEN *(für 4 Personen)*
375 g Kürbis, feste Sorte
(z. B. Butternut, Delica, Table Queen)
2 Gewürzgurken
3 Cocktailtomaten
Schnittlauch (Menge nach Belieben)

FÜR DIE MARINADE:
2 EL weißer Balsamico-Essig
3 EL Öl
1 Prise Salz, Pfeffer, Zucker
½ TL Senf, mittelscharf

Herzhafte Kürbisrohkost

ZUBEREITUNG

DEN KÜRBIS schälen, entkernen und in kleine Würfel oder Rauten schneiden. Die Gewürzgurken raspeln bzw. in feine Stäbchen schneiden. Die Tomaten waschen, vom Stielansatz befreien und halbieren.

FÜR DIE MARINADE alle angegebenen Zutaten miteinander verrühren.

DIE KÜRBISROHKOST mit der Marinade vermengen, mit dem Schnittlauch bestreuen und servieren.

TIPP: *Dazu schmeckt ein knusprig-frisches Stangenbrot wunderbar.*

ZUTATEN *(für 4 Personen)*
500 g Kürbisfruchtfleisch, feste Sorte
(z. B. Butternut, Buttercup, Delica, Japan Cup)
2 EL Öl
1 kl. durchgepresste Knoblauchzehe
1 kleines Stück Ingwer
(1/2 cm, sehr fein geschnitten)
2 EL brauner Zucker
1 Spritzer Sojasauce
200 g Kokosmilch
½ TL Salz
½ TL Currypulver
150 g frische Sojasprossen (alternativ aus dem Glas)
1 EL Schmand oder Sahne (nach Belieben)

Indonesisches Kürbisgemüse

ZUBEREITUNG

DAS KÜRBISFRUCHTFLEISCH würfeln, in Öl mit Knoblauch, Ingwer und Zucker andünsten. Die vorher gründlich gewaschenen Sojasprossen kurz mit durchdünsten.

IN EINER KASSEROLLE Kokosmilch mit Salz und Curry würzen und zum Kochen bringen.

DIE KÜRBISWÜRFEL, Sojasprossen und Sojasauce hinzugeben und weitere 5 bis 10 Minuten mit niedriger Hitze köcheln lassen.

NACH BELIEBEN Schmand oder Sahne unterziehen.

Indonesisches Kürbisgemüse

Kürbisblüten mit Käsefüllung

INFO: *Kürbisse blühen vom Monat Juli bis zum Frost. Wenn man weibliche Blüten – also Blüten mit Fruchtknoten – verwenden möchte, empfehlen sich die Blüten von Sommerkürbissen wie z. B. Zucchini, Rondini oder Patisson. Kürbisblüten sollte man am Vormittag ernten: Nur zu dieser Zeit sind sie – in Erwartung der Bienen – weit geöffnet. Danach beginnen sie wieder zu welken.*

ZUTATEN *(für 4 Personen)*
12 Kürbisblüten

FÜR DIE FÜLLUNG:
300 g Ricottakäse, 2 Eigelb
100 g geriebener Parmesan
1 kl. zerdrückte Knoblauchzehe
1 EL Basilikum
Salz und Pfeffer aus der Mühle
3 EL weiche Butter oder Öl (davon 1 EL für die Form)

Kürbisblüten mit Käsefüllung

ZUBEREITUNG

MIT EINEM KLEINEN MESSER die Staubgefäße aus den Blütenkelchen entfernen. Bei Verwendung weiblicher Blüten die Früchte gefächert schneiden und mit etwas Salz und Pfeffer würzen.

FÜR DIE FÜLLUNG Ricottakäse, Eigelb, Parmesan, Knoblauch und Basilikum zu einer Paste verrühren und mit Salz und Pfeffer abschmecken. Mit einem kleinen Löffel die Farce in die Blüten geben, die Blütenblätter über der Füllung zusammendrehen.

DIE GEFÜLLTEN KÜRBISBLÜTEN in eine gefettete Auflaufform geben. Die restliche Butter in Flöckchen darüber geben oder das restliche Öl darüber träufeln. Im vorgeheizten Backofen auf der mittleren Schiene bei 180 °C 20 Minuten backen.

TIPP: *Eine weitere, sehr schmackhafte Variante: Die gefüllten Kürbisblüten leicht mit Mehl bestäuben, evtl. noch durch ein verquirltes Ei ziehen und dann in Öl braten.*

ZUTATEN *(für 4 Personen)*

12 Kürbisblüten

FÜR DIE FÜLLUNG:

125 g gekochter (Wild-)Reis
1 kleine Zwiebel
1 kleine zerdrückte Knoblauchzehe
1 kleine Zucchini (alternativ: Rondini, Pâtisson)
2 Tomaten
1 TL Rosmarin, 1 TL Basilikum
1 TL Thymian, Salz, Pfeffer
2 EL geriebener Parmesan
1 EL Öl

Kürbisblüten mit Wildreisfüllung

ZUBEREITUNG

MIT EINEM KLEINEN MESSER die Staubgefäße aus den Blütenkelchen entfernen. Bei Verwendung weiblicher Blüten die Früchte gefächert schneiden und mit etwas Salz und Pfeffer würzen.

FÜR DIE FÜLLUNG Zwiebel abziehen und klein würfeln. Zusammen mit der Knoblauchzehe im Öl goldbraun anschwitzen. Zucchini und Tomaten waschen, klein würfeln und mit dazugeben. Das Gemüse 10 Minuten durchdünsten, die Kräuter dazugeben, salzen und pfeffern.

ZWEI DRITTEL der Gemüsemenge mit dem Reis vermischen, den Parmesan hinzufügen. Dann die Reis-Gemüse-Mischung mit einem kleinen Löffel in die Blüten geben. Die Blütenblätter über der Füllung zusammendrehen.

DAS RESTLICHE ZUCCHINI-TOMATEN-GEMÜSE in eine gefettete Auflaufform geben. Die Kürbisblüten darauf betten. Dann die restliche Butter in Flöckchen darüber geben oder das restliche Öl darüber träufeln. Im vorgeheizten Backofen auf der mittleren Schiene bei 180 °C 20 Minuten backen.

INFORMATIONEN *zum Thema „Kürbisblüten“ finden Sie auf Seite 14.*

Kürbisblüten mit Wildreisfüllung

Kürbispüree

ZUTATEN *(für 4 Personen)*
1 kg Kürbis, mehlige Sorte
(z. B. Blue oder Pink Banana, North Georgia)
1/8 l kochend heiße Milch
10 g Butter
½ TL Salz
1 Prise Muskat

Kürbispüree

ZUBEREITUNG

DEN KÜRBIS halbieren, entkernen, in 5 cm breite Segmente schneiden und mit der Wölbung nach unten auf ein Backblech legen. Im 180 °C heißen Backofen 45 Minuten weich backen. Danach lässt sich das Fruchtfleisch leicht aus der Schale lösen, so dass der Kürbis für die Zubereitung von Püree nicht erst geschält werden muss. Mit einem Löffel das Kürbisfleisch aus der Schale lösen und zur Weiterverarbeitung beiseitestellen und auskühlen lassen.

FÜR DIE ZUBEREITUNG des Pürees die kochend heiße Milch in das Kürbisfruchtfleisch einrühren. Die Butter dazugeben und das Ganze mit Salz und Muskat abschmecken.

INFO: *Kürbispüree ist die Basis für eine Vielzahl von Kürbisgerichten, z. B. für den Kürbis-Spinat-Strudel auf Seite 24. Wird das Püree als Komponente eines Gerichtes zubereitet, sollte der Kürbis am besten am Vortag vorgegart werden: am besten dann, wenn der Backofen ohnehin gerade angeheizt ist.*

ZUTATEN *(für 4 Personen)*
300 g Kürbisfruchtfleisch, feste Sorte
(z. B. Buttercup, Butternut, Delica)
2 festkochende Kartoffeln
50 g Haselnüsse, gerieben
2 Eier
50 g Mehl
Salz, Pfeffer
1 Msp. Muskatnuss
Butterschmalz oder Öl zum Anbraten

Kürbisrösti

ZUBEREITUNG

DAS KÜRBISFRUCHTFLEISCH fein und die Kartoffeln grob raspeln.

DIE KÜRBIS- UND KARTOFFELRASPEL mit den übrigen Zutaten vermengen und im heißen Fett in der Pfanne portionsweise beidseitig backen.

TIPP: *Reicht man zu den Kürbisrösti Preiselbeerkompott, Apfelmus oder Kräuterquark, ergibt sich ein wunderbares Hauptgericht.*

Kürbisrösti

Kürbisspätzle

ZUTATEN *(für 4 Personen)*
300 g Spätzlemehl (Dunst)
3 Eier, 1 TL Salz
300 g Kürbispüree (von Seite 18)

Kürbisspätzle

ZUBEREITUNG

FÜR DAS KÜRBISPÜREE (am besten am Vortag zubereiten) einen halbierten entkernten Kürbis ca. 45 Minuten im 180 °C heißen Backofen backen. Dann das gegarte Kürbisfruchtfleisch mit einem Löffel von der Schale lösen. Beim Hokkaido-Kürbis Schale mit verwenden.

MEHL, EIER, SALZ und Kürbispüree mit dem Kochlöffel zu einem glatten Teig verrühren und 30 Minuten ruhen lassen.

DEN TEIG portionsweise durch den Spätzlehobel in kochendes Salzwasser geben. Sobald die Spätzle an die Wasseroberfläche gestiegen sind, mit der Schaumkelle herausheben.

TIPP: *Wenn man die Kürbisspätzle anschließend mit geriebenem Käse zu Käsespätzle verarbeitet und diese mit gerösteten Zwiebeln garniert, erhält man ein köstliches Hauptgericht. Ein grüner Blattsalat dazu ist perfekt.*

ZUTATEN *(für 4 Personen)*

FÜR DEN TEIG:
200 g Mehl
1 Ei
2 EL Öl
6 EL Milch

FÜR DIE FÜLLUNG:
1 kleine Zwiebel
1 EL Öl
500 g Blattspinat
Salz, Pfeffer
1 kg Kürbispüree (Hokkaido)
300 g Ricottakäse
100 g Parmesan, gerieben
1 Msp. Muskatnuss
Abrieb von 1 unbeh. Zitrone
Butter
Salbeiblätter

Kürbis-Spinat-Strudel

ZUBEREITUNG

AUS DEN TEIGZUTATEN einen Strudelteig kneten, diesen in 2 Portionen teilen und unter einer vorher mit heißem Wasser ausgespülten Edelstahlschüssel ruhen lassen.

DIE ZWIEBEL in Öl andünsten. Dann den Spinat unterheben und mit durchdünsten. Mit Salz und Pfeffer abschmecken und abkühlen lassen.

DAS KÜRBISPÜREE (Rezept siehe Seite 18) mit dem Ricotta- und Parmesankäse mischen, dann mit Muskat, dem Zitronenabrieb sowie Salz und Pfeffer würzen.

DIE 2 TEIGPORTIONEN nacheinander auf einem bemehlten Tuch ausrollen, dann auseinanderziehen. Anschließend zuerst die Kürbis- und dann die Spinatmasse darauf verteilen. Den Strudel aufrollen, in ein weißes Baumwolltuch fest einschlagen und 20 Minuten im kochenden Salzwasser garen.

DANN DEN STRUDEL herausheben und auf eine Servierplatte legen. Mit der vorher leicht angebräunten Butter beträufeln, mit Parmesan bestreuen und mit Salbeiblättern garnieren.

VARIANTE:

DEN STRUDEL in eine feuerfeste gebutterte Form geben und bei 180 °C im Backofen 60 Minuten backen.

Kürbis-Spinat-Strudel

Suppen & Hauptgerichte

Amerikanische Kürbissuppe

ZUTATEN *(für 4 Personen)*
1 Zwiebel
1 Knoblauchzehe
½ TL Ingwer, klein geschnitten
1 kg Kürbisfruchtfleisch, gewürfelt, feste oder mehlige Sorte (z. B. Delica, Hokkaido, Muscade de Provence)
800 ml Gemüsebrühe
3 EL Öl
Salz, Pfeffer
1 Lorbeerblatt
1 EL Zitronensaft
Schale von 1 unbeh. Orange, in feinen Streifen
300 ml Milch

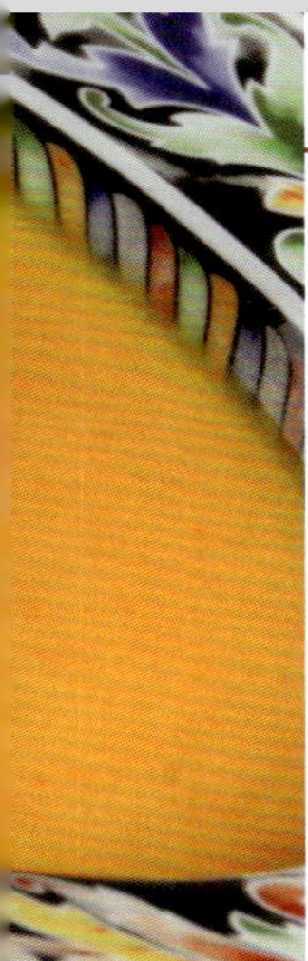

Amerikanische Kürbissuppe

ZUBEREITUNG

DIE ZWIEBEL ABZIEHEN, klein würfeln und zusammen mit der durchgepressten Knoblauchzehe, dem geschälten, klein geschnittenen Ingwer und den Kürbiswürfeln in Öl glasig dünsten. Mit der Brühe aufgießen und zum Kochen bringen.

SALZ, PFEFFER, Lorbeerblatt, Zitronensaft und Orangenschale hinzufügen und den Kürbis weich köcheln.

DIE ORANGENSCHALE und das Lorbeerblatt herausnehmen, die Suppe pürieren, die Milch einrühren und alles noch einmal erhitzen.

TIPP: *Ein frisches Stangenbrot schmeckt wunderbar dazu.*

ZUTATEN *(für 4 Personen)*
1 standfester Kürbis (ca. 3 kg), feste Sorte
(z. B. Delica, Futsu, Queensland Blue, Türkischer Turban)
Salz, Pfeffer
300 g rote Linsen
60 g Pinienkerne
2 gehackte Zwiebeln
2 EL Öl
1 durchgepresste Knoblauchzehe
1 kleine rote Chilischote (ca. 1 cm)
300 g gemischtes Hackfleisch (Rind/Schwein)
200 g Hackfleisch vom Lamm
400 g geschälte Dosentomaten inkl. Saft
1 EL Oregano, 1 EL Basilikum

Chili con Carne

IM KÜRBIS

ZUBEREITUNG

DEN BACKOFEN auf 180 °C vorheizen. Den Deckel vom Kürbis abschneiden, Kerne und Fasern mit einem Esslöffel herauslösen und die entstandene Vertiefung mit Salz und Pfeffer einreiben. Die Linsen 3 Minuten kochen, in ein Sieb geben und überbrausen.

PINIENKERNE IN DER PFANNE Ohne Fett goldgelb rösten, aus der Pfanne heben und beiseitestellen (achtgeben, dass die Pinienkerne nicht verbrennen).

DIE ZWIEBELN IM ÖL glasig dünsten, darin den Knoblauch und die sehr fein geschnittene Chilischote leicht anrösten, das Hackfleisch dazugeben und krümelig braun braten. Die Hackmischung salzen und pfeffern. Linsen, Tomaten samt Flüssigkeit, Pinienkerne und Kräuter unterheben. Noch mal kräftig mit Salz, Pfeffer und den Kräutern abschmecken.

ALLES ZUSAMMEN in den Kürbis füllen, den Deckel wieder auflegen. Den Kürbisstiel mit Alufolie abdecken, den gefüllten Kürbis auf ein Backblech stellen und 1 Stunde 20 Minuten im Backofen backen.

Chili con Carne

IM KÜRBIS

Gratinierte Kürbissuppe

ZUTATEN *(für 4 Personen)*
1 Kürbis (ca. 3 kg, z. B.
kleiner Roter Zentner, Delica)
Salz, Pfeffer
2 EL Olivenöl
2 Stangen Lauch in feinen Ringen
½ l Gemüsebrühe
200 g Sahne
250 g Bergkäse, grob gerieben
6 geröstete Weißbrotscheiben, gewürfelt

Gratinierte Kürbissuppe

ZUBEREITUNG

VOM KÜRBIS den Deckel abscheiden. Die Fasern und Kerne mit einem Löffel entfernen. Das Fruchtfleisch mit einem Messer vorsichtig herauslösen und in eine feuerfeste Form geben. Dann salzen und pfeffern, mit etwas Öl beträufeln und bei 180 °C auf mittlerer Schiene 20 Minuten im vorgeheizten Backofen garen.

DIE LAUCHRINGE in einer Pfanne mit etwas Öl glasig dünsten, zum gegarten Kürbisfruchtfleisch dazugeben und zusammen mit der Brühe in einem Topf pürieren. Anschließend die Sahne unterrühren.

DEN AUSGEHÖHLTEN KÜRBIS auf ein Backblech stellen und abwechselnd mit Käse, Brotwürfeln und Kürbissuppe füllen (mit Käseschicht abschließen). Im Backofen bei 180 °C 20 Minuten gratinieren.

Kürbiseintopf mit Huhn & Mais

ZUTATEN *(für 4 Personen)*
1 Zwiebel, 2 Karotten
2 EL Öl
350 g Kürbisfruchtfleisch, feste Sorte
(z. B. Hubbard, Bleu de Hongrie, Delica)
200 g Zuckermais
100 g Kokosraspel
½ l Gemüse- oder Hühnerbrühe
Salz, Pfeffer

FÜR DIE EINLAGE:
200 g Hähnchenbrust
Öl zum Anbraten
Salz, Pfeffer, Curry

ZUBEREITUNG

DIE ZWIEBEL abziehen und fein hacken. Die Karotten waschen, ggf. schälen und würfeln. Die Zwiebelwürfel in Öl andünsten, die Kürbis- und Karottenwürfel dazugeben und mit durchdünsten.

DEN MAIS und die Kokosraspel hinzugeben, mit Brühe aufgießen und auf niedriger Flamme gar kochen.

DIE HÄHNCHENBRUST gründlich abwaschen, trocken tupfen und in Streifen schneiden. In Öl anbraten und mit Salz, Pfeffer und Curry würzen. Dann das Fleisch zum Eintopf geben, durchgaren lassen und abschließend noch einmal mit den Gewürzen abschmecken.

Kürbiseintopf mit Huhn & Mais

TIPP: *Dazu passt ein Baguette sehr gut.*

Kürbisgemüse mit Hackfleisch

ZUTATEN *(für 4 Personen)*
1 Zwiebel
1 Knoblauchzehe
1 EL Öl
250 g gemischtes Hackfleisch (Rind/Schwein)
600 g Kürbisfruchtfleisch, feste Sorte
(z. B. Butternut, Marina di Chioggia, Delica)
Salz, Pfeffer, Oregano
1/8 l Brühe
100 ml Sahne
2 EL gehackte Petersilie

Kürbisgemüse mit Hackfleisch

ZUBEREITUNG

DIE ZWIEBEL abziehen und hacken, die Knoblauchzehe abziehen. Die Zwiebel in Öl andünsten, die Knoblauchzehe durchpressen und hinzufügen. Dann das Hackfleisch dazugeben und scharf anbraten.

DAS GEWÜRFELTE KÜRBISFRUCHTFLEISCH untermischen, mit Oregano würzen, salzen und pfeffern. Dann die Brühe angießen und alles so lange köcheln lassen, bis die Kürbiswürfel weich sind. Die Sahne unterrühren. Die gehackte Petersilie darüber geben und nach Belieben mit Weißbrot servieren.

ZUTATEN *(für 4 Personen)*

1 Stange Lauch
1 Kartoffel, 1 Karotte
100 g Knollensellerie
500 g Kürbisfruchtfleisch (z. B. Hokkaido, Muscade de Provence, Roter Zentner)
2 EL Öl
750 ml Gemüsebrühe
jeweils 1 TL Salz, Pfeffer
1 Msp. Muskat
Paprikapulver (rosenscharf oder edelsüß, nach Belieben)
100 ml Sahne
8 – 12 Flusskrebsschwänze oder Garnelen
½ Bd. frischer Schnittlauch

Kürbis-Gemüse-Cremesuppe

ZUBEREITUNG

LAUCH, KARTOFFEL, Karotte und Sellerie putzen bzw. schälen, waschen und wie das Kürbisfruchtfleisch in ca. 1 cm große Stücke schneiden.

DEN LAUCH IN ÖL andünsten, dann das übrige Gemüse dazugeben und mit durchdünsten. Mit der Brühe aufgießen, 15 Minuten weich kochen und anschließend pürieren.

MIT SALZ, PFEFFER, Muskat und Paprikapulver (Menge nach Geschmack) abschmecken und mit der Sahne verfeinern. Die gebratenen Flusskrebsschwänzen, bzw. Garnelen hinzufügen und die Suppe mit dem vorher gewaschenen und in kleine Röllchen geschnittenen Schnittlauch garnieren.

Kürbis-Gemüse-Cremesuppe

Kürbisgratin

ZUTATEN *(für 4 Personen)*
1 kg Kürbisfruchtfleisch, feste Sorte
(z. B. Buttercup, Butternut, Delica, Hokkaido)
Butter für die Auflaufform
150 g Greyerzerkäse, gehobelt
150 g Raclettekäse, gehobelt
150 g Sahne
Muskat, Salz, Pfeffer

Kürbisgratin

ZUBEREITUNG

DEN BACKOFEN auf 180 °C vorheizen.

DAS KÜRBISFRUCHTFLEISCH würfeln und in eine gebutterte Auflaufform geben.

KÄSE, SAHNE und die Gewürze miteinander vermengen und hinzufügen. Anschließend im Backofen auf mittlerer Schiene 30 Minuten backen.

ZUTATEN *(für 4 Personen)*

KÜRBIS:
400–500 g Hokkaido-Kürbis, gewürfelt
1 EL Butter, Salz, Pfeffer

AUSSERDEM:
8 Strudelteigblätter
100 g frisch geriebener Parmesan
75 g gesalzene Butter

GRÜNKOHL:
2 EL Olivenöl
(wahlweise Enten- oder Gänseschmalz)
100 g Katenschinken, fein gewürfelt
1 Zwiebel, gewürfelt
2 TL Salbei (fein gerebelt)
750 g Grünkohl (gewaschen, grob gehackt)
einige EL Wasser
Salz, Pfeffer

Kürbis-Grünkohl-Pastete

ZUBEREITUNG

SCHINKEN- UND ZWIEBELWÜRFEL in einem großen Topf im Öl anschwitzen. Salbei hinzugeben und mitdünsten. Nach und nach Grünkohl und Wasser hinzufügen, den Kohl knapp gar kochen. Salzen, pfeffern und abkühlen lassen. Kürbiswürfel in Butter anbraten, salzen und pfeffern. Dann ca. 5 Minuten weich garen. Beiseitestellen und auskühlen lassen.

BACKOFEN AUF 175 °C vorheizen. Eine Springform (26 cm Durchmesser) bzw. eine Rosetten-Backform ausbuttern. Ein Strudelteigblatt hineinlegen, dabei die Ränder überlappen lassen. Dünn mit Butter bestreichen (auch die Ränder). Das nächste Blatt versetzt auflegen. Dazu die Form etwas drehen. So weiter verfahren, bis nur noch ein Strudelteigblatt übrig ist. Dieses beiseitelegen.

DIE HÄLFTE DES GRÜNKOHLS in der Form verteilen und leicht andrücken. Darauf die Kürbiswürfel geben, mit Parmesan überstreuen. Restlichen Grünkohl darauf glatt verteilen. Das Strudelblatt mit Butter einpinseln, auf die Hälfte zusammenfalten, wieder mit Butter einpinseln, dann auf Viertel zusammenfalten und in die Mitte der Form legen. Teigränder nach innen überschlagen. Die Oberseite der Pastete mit der restlichen Butter einpinseln. Im Backofen ca. 25 Minuten knusprig backen.

Kürbis-Grünkohl-Pastete

Kürbislasagne

ZUTATEN *(für 4 Personen)*
350 g Lasagneblätter

FÜR DIE FÜLLUNG:
1 Stange Lauch, 1 Knoblauchzehe
1 kl. Stck. Ingwer (ca. ½ cm)
500 g festfleischiger Kürbis, grob geraspelt (z. B. Delica, Marina di Chioggia)
2 EL Öl, Salz, Pfeffer

FÜR DIE BÉCHAMELSAUCE:
60 g Butter, 80 g Mehl
1/8 l kalte Gemüsebrühe, 1/8 l Milch
3 Eigelb
150 g geriebener Hartkäse
150 g gekochte Schinken- oder Mortadellawürfel (nach Belieben)

Kürbislasagne

ZUBEREITUNG

FÜR DIE FÜLLUNG den Lauch putzen, waschen und in Ringe schneiden. Die Knoblauchzehe abziehen und klein hacken, den Ingwer schälen und sehr klein schneiden. Alles zusammen im Öl glasig dünsten. Das Kürbisfruchtfleisch dazugeben und kurz durchdünsten. Salzen und pfeffern.

FÜR DIE BÉCHAMELSAUCE Butter in einer Kasserolle flüssig werden lassen, Mehl zugeben, abseits der Herdplatte verrühren, mit Brühe und Milch aufgießen und unter Rühren aufkochen lassen, Eigelb und 100 g Käse unterrühren, Schinken oder Mortadella nach Belieben hinzufügen.

DAS KÜRBISGEMÜSE unter die Béchamelsauce heben. In einer Auflaufform abwechselnd mit den Lasagneblättern einschichten. Dabei mit der Kürbis-Béchamel-Masse beginnen und abschließen. Zum Schluss mit dem restlichen Käse bestreuen und bei 180 °C 45 Minuten im vorgeheizten Backofen überbacken.

ZUTATEN *(für 4 Personen)*
1 kleine Zwiebel
1 EL Sonnenblumenöl
500 g Kürbisfruchtfleisch, grob gewürfelt
(z. B. Buttercup, Delica, Hokkaido)
¾ l Gemüse- oder Geflügelbrühe
1 Kaffirlimettenblatt
1/8 l Crème fraîche
1/8 l Sahne
Saft und Abrieb von ½ Limette
1 Msp. Curry
Salz, Pfeffer
1 Msp. Muskatnuss, 1 Msp. Kreuzkümmel
Zesten von der Limettenschale (für die Garnitur)

Kürbis-Limetten-Suppe

ZUBEREITUNG

DIE ZWIEBEL ABZIEHEN, klein würfeln und im Öl goldgelb andünsten. Die Kürbiswürfel hinzugeben, einige Minuten durchdünsten und dann mit Brühe aufgießen. Das Limettenblatt dazugeben und so lange mit garen, bis das Kürbisfruchtfleisch weich ist. Das Limettenblatt herausnehmen und die Kürbiswürfel pürieren.

CRÈME FRAÎCHE, SAHNE sowie den Limettenabrieb hinzufügen. Mit Limettensaft und den Gewürzen abschmecken und vor dem Servieren mit Zesten von der Limettenschale garnieren.

TIPP: *Als Suppeneinlage schmecken Shrimps, Garnelen oder kleine Stückchen von der geräucherten Forelle wunderbar.*

Kürbis-Limetten-Suppe

INFO: *Kaffirlimettenblätter werden in der asiatischen, besonders in der thailändischen Küche als Gewürz verwendet. Man kann sie – wie hier – mitkochen und vor dem Verzehr herausnehmen. Oder man mörsert die trockenen Limettenblätter ganz fein. Dann können sie in dem Gericht verbleiben.*

Kürbis-Mozzarella-Auflauf

TIPP: *Die angegebenen Kürbissorten haben eine längliche Form und lassen sich deshalb in dekorative Scheiben schneiden. Runde Kürbisse sollte man in Sicheln oder Stücke schneiden.*

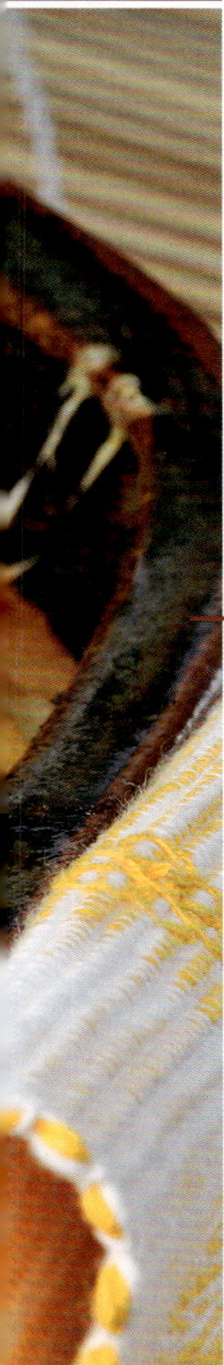

ZUTATEN *(für 4 Personen)*

Butter für die Form
1 Knoblauchzehe
600 g Kürbis, feste Sorte
(z. B. Butternut, Trompeta, Trombolino)
250 g Mozzarella
4 Tomaten
½ EL Oregano, ½ EL Thymian
2 Stiele Basilikum, Blätter für die Garnitur
30 g Parmesan, gerieben
Salz, Pfeffer

Kürbis-Mozzarella-Auflauf

ZUBEREITUNG

DEN BACKOFEN auf 180 °C vorheizen. Die Auflaufform buttern und mit der zerdrückten Knoblauchzehe ausreiben.

DEN KÜRBIS schälen und in 5 mm dicke Scheiben schneiden. Mozzarella und die Tomaten (vorher waschen und Stielansätze entfernen) ebenfalls in Scheiben schneiden.

ABWECHSELND die Kürbis-, Mozzarella- und Tomatenscheiben in die gebutterte Auflaufform schichten. Gewürze und Kräuter darüber geben, mit Parmesan bestreuen und auf der mittleren Schiene im Backofen 30 Minuten backen.

MIT BASILIKUMBLÄTTERN dekorieren und servieren.

ZUTATEN *(für 4 Personen)*

300 g Pastinaken
oder Petersilienwurzeln
400 g Hokkaido-Kürbis
1 Knoblauchzehe
2 EL Olivenöl
2 EL Thymianblättchen

FÜR DIE SAUCE:
1 Bio-Zitrone
30 g Butter
1 EL Mehl
400 ml Milch
Salz, Pfeffer

AUSSERDEM:
100 g gehackte Nüsse
oder Mandeln
3 EL grobe Semmelbrösel

Kürbis-Pastinaken-Auflauf

ZUBEREITUNG

DIE PASTINAKEN PUTZEN, schälen und würfeln. Den Hokkaido-Kürbis putzen und halbieren (er kann mit Schale zubereitet werden). Das Kerngehäuse herausschaben. Das Fruchtfleisch in Stücke schneiden. Die Knoblauchzehe abziehen und fein hacken.

DAS ÖL IN EINER PFANNE erhitzen. Die Pastinakenwürfel und das Kürbisfruchtfleisch darin 8 Minuten anbraten. Thymian und Knoblauch kurz mitbraten. Das Gemüse anschließend in eine Auflaufform mit einem Durchmesser von 24 cm einfüllen.

FÜR DIE SAUCE die Zitroneschale fein abreiben und den Saft auspressen. Butter erhitzen, das Mehl dazugeben und unter Rühren 3 Minuten anschwitzen. Unter stetigem Rühren mit Milch ablöschen und 5 Minuten köcheln lassen. Mit Salz, Pfeffer und Zitronenabrieb würzen. Die Sauce von der Kochstelle ziehen und den Zitronensaft hinzufügen. Anschließend die Sauce über das Gemüse geben. Mit Nüssen bzw. Mandeln und Semmelbröseln bestreuen.

IM VORGEHEIZTEN BACKOFEN auf der mittleren Schiene bei 200 °C Oberhitze (Umluft: 180 °C) ca. 25 Minuten backen.

Kürbis-Pastinaken-Auflauf

Kürbisragout mit Pilzen

ZUTATEN *(für 4 Personen)*
1 Zwiebel
Fruchtfleisch von einem Kürbis à 1,5 kg, feste Sorte (z. B. Buttercup, Butternut, Delica)
500 g Austernpilze (alternativ Champignons oder Egerlinge)
50 g Sahne
Salz, Pfeffer
frischer Thymian (Menge nach Belieben)
½ Bd. glatte oder krause Petersilie (nach Belieben)

Kürbisragout mit Pilzen

ZUBEREITUNG

ZWIEBEL ABZIEHEN, klein würfeln und im Öl andünsten.

DAS KÜRBISFRUCHTFLEISCH würfeln. Die Pilze putzen, klein schneiden, dann zusammen mit dem Kürbis zu der Zwiebel geben und mit andünsten.

MIT DER SAHNE ablöschen, salzen, pfeffern und mit Thymianblättchen und Petersilie garnieren. Mit Baguette servieren.

TIPP: *Das Ragout schmeckt auch als Füllung für Minikürbisse hervorragend.*

ZUTATEN *(für 4 Personen)*
2 Schalotten
2 EL Öl
300 g Kürbisfruchtfleisch, gewürfelt,
feste Sorte (z. B. Butternut, Delica, Marina di Chioggia)
200 g Risottoreis
1 l Gemüsebrühe
2 EL Parmesan, gerieben

FÜR DIE SAUCE:
400 ml Sahne, 200 g Gorgonzola
Salz, Pfeffer

FÜR DIE GARNITUR:
Salbeiblätter

Kürbisrisotto

MIT GORGONZOLASAUCE

ZUBEREITUNG

SCHALOTTEN ABZIEHEN und würfeln. In 1 EL Öl anschwitzen. Dann die Kürbiswürfel mit dem Risottoreis hinzufügen. Nach und nach die Gemüsebrühe angießen und unter gelegentlichem Umrühren sämig garen. Den Parmesan einrühren.

FÜR DIE SAUCE die Sahne auf etwa 2/3 einkochen. Den Gorgonzola darin schmelzen, das Ganze mit Salz und Pfeffer würzen und gut verrühren.

VOR DEM SERVIEREN die Salbeiblätter auf das Risotto geben. Wer es mag, brät sie vorher im restlichen Öl knusprig an.

TIPP: *Bei der Zubereitung der Sauce vorsichtig salzen. Der Gorgonzolakäse ist sehr würzig.*

Kürbisrisotto

MIT GORGONZOLASAUCE

Lachs

MIT KÜRBIS-CURRY-SAUCE

TIPP: *Dazu passen Wildreis, Petersilienkartoffeln oder – als aparter Farbkontrast – blaue Kartoffeln mit Petersilie.*

ZUTATEN *(für 4 Personen)*
4 Scheiben Lachs (zusammen 600 g)
Saft von 1 Zitrone
2 EL Mehl
Salz, Pfeffer, Dill, Schnittlauch
2 EL Öl

FÜR DIE SAUCE:
1 Zwiebel, gewürfelt, 1 EL Öl
500 g Kürbisfruchtfleisch, klein gewürfelt, mehlige oder feste Sorte (z. B. Buttercup, Delica, Hokkaido)
Salz, Pfeffer, 1 EL Currypulver
100 ml Gemüsebrühe
100 ml Weißwein, trocken oder halbtrocken
100 g Sahne, 100 g Crème fraîche

Lachs

MIT KÜRBIS-CURRY-SAUCE

ZUBEREITUNG

20 MINUTEN vor der Zubereitung des Gerichts Lachsscheiben mit Zitronensaft beträufeln, leucht pfeffern und mit Dill bestreuen.

FÜR DIE SAUCE die Zwiebelwürfel in Öl glasig dünsten, die Kürbiswürfel hinzugeben. Salzen, pfeffern, mit Curry würzen, anschließend mit Brühe und Wein ablöschen und auf niedriger Flamme gar dünsten.

DEN LACHS beidseitig salzen, mit Mehl bestäuben und in Öl knusprig anbraten. Bei mäßiger Hitze gar dünsten.

SAHNE UND CRÈME FRAÎCHE unter die Kürbissauce rühren.

DEN LACHS mit der Sauce auf vorgewärmten Tellern anrichten, mit Schnittlauch garnieren und servieren.

ZUTATEN *(für 4 Personen)*

100 g Rosenkohlblätter
250 g Hokkaido-Kürbis
1 TL Honig
500 g Rehrückenfilet
Salz, Pfeffer
1 Rosmarinzweig
3–4 Wacholderbeeren
1 EL Butterschmalz
50 ml Madeira
200 ml Wildfond
150 ml Sahne
2–3 TL weiße Pfefferkörner
6 Lasagneblätter
50 g Butter

Offene Lasagne

MIT REHRÜCKEN & KÜRBIS

ZUBEREITUNG

ROSENKOHLBLÄTTER in kochendem Salzwasser 1 Minute garen. Anschließend in kaltem Wasser abschrecken. Kürbis schälen und in ca. 5 mm dicke Scheiben schneiden. In einer großen Pfanne etwas Öl erhitzen und die Kürbisscheiben ca. 2 Minuten bei mittlerer Hitze auf jeder Seite anbraten. Rosenkohlblätter und Honig dazugeben. Das Ganze salzen und zugedeckt warm halten.

DEN BACKOFEN auf 150 °C Umluft vorheizen. Das Rehrückenfilet waschen und trocken tupfen. Salzen und pfeffern und von allen Seiten mit Rosmarin und den (angedrückten) Wacholderbeeren in heißem Butterschmalz scharf anbraten. Das Fleisch aus der Pfanne nehmen und für 10 Minuten in den Backofen stellen.

FÜR DIE SAUCE den Bratensatz mit Madeira ablöschen. Wildfond und Sahne dazugießen, die zerstoßenen weißen Pfefferkörner hinzufügen und das Ganze um ein Drittel einreduzieren lassen. Dann durch ein feines Sieb in einen kleinen Topf gießen.

DIE LASAGNEBLÄTTER in kochendem Salzwasser bissfest garen, abgießen und halbieren. Das Rehrückenfilet schräg in Scheiben schneiden. Auf den Tellern halbierte Lasagneblätter, Kürbis, Rosenkohl und Filet im Wechsel aufeinanderschichten. Butter in die Pfeffersahnesauce geben, mit dem Pürierstab schaumig mixen und über die Lasagne gießen.

Offene Lasagne

MIT REHRÜCKEN & KÜRBIS

TIPP: *Der Hokkaido ist ein sehr nahrhafter Kürbis. Er enthält wenig Wasser, dafür umso mehr Nährstoffe. Seine Schale wird beim Kochen weich und kann mitgegessen werden.*

Ravioli mit Kürbisfüllung

ZUTATEN *(für 4 Personen)*

FÜR DEN NUDELTEIG:
150 g Grieß
150 g Spätzlemehl
1 EL Öl, 2 Eier, ½ TL Salz
1 verquirltes Ei zum Bestreichen

AUSSERDEM:
100 g leicht gebräunte Butter
Salbeiblätter
50 g Parmesankäse, gerieben

FÜR DIE FÜLLUNG:
1 kleine Schalotte, fein gehackt
1 durchgepresste Knoblauchzehe
1 TL Öl, 1 EL Butter
500 g Kürbispüree (Zubereitung S. 18)
50 g würziger Hartkäse, gerieben (z. B. Conté, Greyerzer, Emmentaler)
einige Blättchen frischer Thymian
Salz, Pfeffer

Ravioli mit Kürbisfüllung

ZUBEREITUNG

AUS DEN ANGEGEBENEN ZUTATEN den Nudelteig kneten und zugedeckt ca. eine Stunde ruhen lassen. Für die Füllung Schalotte und Knoblauch in Öl und Butter andünsten. Kürbispüree, Käse und Thymian untermischen, mit Salz und Pfeffer würzen und die Masse abkühlen lassen

FÜR DIE RAVIOLI den Teig dünn ausrollen und an den Seiten mit dem verquirlten Ei bestreichen. Die Füllung auf einer Teighälfte gleichmäßig verteilen und die andere Hälfte darüber klappen. Rund um die Füllung den Teig aufeinanderdrücken, zu Quadraten radeln oder Kreise bzw. Halbmonde ausstechen.

DIE RAVIOLI in Salzwasser 15 Minuten sprudelnd kochen, nach einer Garprobe mit der Schaumkelle herausheben und auf einem Sieb gründlich abtropfen lassen. Dann auf Tellern verteilen, mit der leicht gebräunten Butter beträufeln und mit Salbeiblättern und Parmesan garnieren.

Kuchen, Desserts & Eingemachtes

Eingelegter Kürbis mit Orangen

ZUTATEN *(für 4 Personen)*
3 Orangen (unbehandelt)
½ l Weißweinessig
750 g Zucker
1,25 kg gewürfeltes Kürbisfruchtfleisch, saftige Sorte (z. B. Gelber Zentner, Roter Zentner, Galeux d'Eysines)

Eingelegter Kürbis mit Orangen

ZUBEREITUNG

EINE ORANGE mit heißem Wasser abwaschen, abtrocknen und hauchdünn schälen. Die Schale in feine Streifen schneiden. Die beiden anderen Orangen so schälen, dass die Schale bis zum Fruchtfleisch entfernt ist. Das Orangenfruchtfleisch aus den Trennhäuten lösen, dabei den Saft auffangen. Die Orangenfilets und den Saft beiseitestellen.

DEN ESSIG MIT ZUCKER und der Orangenschale aufkochen, bis sich der Zucker gelöst hat. Die Kürbiswürfel darin portionsweise glasig kochen (ca. 4 Minuten), dann mit einer Schaumkelle in ein Glas oder einen Steinguttopf schichten.

DEN SUD 10 MINUTEN sprudelnd kochen lassen, nach 8 Minuten die Orangenfilets und den Orangensaft mitkochen. Dann das Ganze über den geschichteten Kürbis gießen. Das Gefäß abgedeckt kühl stellen.

AM NÄCHSTEN TAG den Sud abgießen, erneut aufkochen, erkalten lassen und wieder über den Kürbis gießen. Das Gefäß verschließen und kühl und lichtgeschützt aufbewahren.

ZUTATEN *(für ca. 6 Gläser à 220 ml Inhalt)*
4–5 saure Äpfel (z. B. Boskop)
Saft von 1 Zitrone
600 g Kürbisfruchtfleisch
(z. B. 1 kleiner Butternut)
250 ml Wasser, ½ TL Zimt
500 g Gelierzucker 2:1
4 cl Mandellikör (nach Belieben)

Kürbis-Apfel-Konfitüre

ZUBEREITUNG

DIE ÄPFEL SCHÄLEN, vom Kerngehäuse befreien und fein raspeln. Abwiegen und in einem großen hohen Topf mit dem Zitronensaft mischen. Den Kürbis schälen, aufschneiden, Kerne entfernen, das Fruchtfleisch ebenfalls fein raspeln und abwiegen. Dann zu den Äpfeln geben, Wasser hinzufügen und die Kürbis-Apfel-Mischung weich kochen. Anschließend grob pürieren und abkühlen lassen.

IM NÄCHSTEN SCHRITT Zimt und Gelierzucker zufügen und aufkochen. Unter ständigem Rühren mindestens 3 Minuten sprudelnd kochen lassen. Die Gelierprobe machen. Den Topf von der heißen Herdplatte ziehen und den Mandellikör unterrühren.

DIE HEISSE KONFITÜRE randvoll in die sauberen, heiß ausgespülten Gläser füllen und diese fest verschließen. Für 5 Minuten auf den Deckel stellen.

Kürbis-Apfel-Konfitüre

TIPP: *Durch Zugabe von Gewürzen, frischen Kräutern, Nüssen oder Blüten lässt sich das Aroma von Marmeladen bzw. Konfitüren wunderbar variieren und verfeinern. Dabei werden Gewürze wie z. B. Zimt direkt zu Beginn der Kochzeit, frische Kräuter, gehackte Nüsse und Blüten erst in der letzten Minute vor Ende der Kochzeit hinzugefügt.*

Kürbiseis

INFO: *Muskatnuss und Muskatblüte haben ein ähnliches Aroma. Die Muskatblüte ist etwas zarter und feiner im Geschmack als die Muskatnuss. Sie wird deshalb häufig auch für Weihnachtsgebäck verwendet.*

ZUTATEN *(für 4 Personen)*

FÜR DAS KÜRBISPÜREE:

1 kg Kürbis, mehlige Sorte
(z. B. Blue oder Pink Banana, North Georgia)
1/8 l kochend heiße Milch
10 g Butter
½ TL Salz
1 Prise Muskat

AUSSERDEM:

300 ml Milch, 4 Eigelb
100 g Zucker, 1 Msp. Muskatblüten
200 g Kürbispüree, 2 EL Rosinen
100 g kandierte Kürbiskerne
300 ml geschlagene Sahne

Kürbiseis

ZUBEREITUNG

DAS KÜRBISPÜREE am besten am Vortag zubereiten (siehe Rezept auf Seite 18).

DIE MILCH erhitzen und das Eigelb mit Zucker und den Muskatblüten schaumig schlagen. Die erhitzte Milch zur Eigelbmischung geben und das Ganze unter Wasserdampf cremig schlagen. Dann die Mischung abkühlen lassen und für knapp eine Stunde ins Gefrierfach stellen. Sobald sie zu gefrieren beginnt, das Kürbispüree, die vorher gründlich gewaschenen und getrockneten Rosinen, die Kürbiskerne und die geschlagene Sahne unterheben.

DIE MASSE in eine Gefrierdose füllen und 4 bis 5 Stunden gefrieren lassen. Währenddessen immer wieder durchrühren, damit in der gesamten Masse ein gleichmäßiger Gefriergrad erreicht wird.

ZUTATEN *(für 4 Personen)*

60 g Kürbiskerne, geröstet u. gesalzen
1 Bund Basilikum
30 g Parmesan, gerieben
1 durchgepresste Knoblauchzehe
1 TL Abrieb von einer unbeh. Zitrone (nach Belieben)
50 ml Kürbiskernöl
Salz, Pfeffer

Kürbiskern-Pesto

ZUBEREITUNG

DIE BASILIKUMBLÄTTER von den Stielen zupfen, waschen, trocknen und wie die Kürbiskerne klein hacken oder mörsern.

DIE GEHACKTEN KÜRBISKERNE und Basilikumblätter mit Parmesan, Knoblauch und – je nach geschmacklicher Vorliebe – mit dem Zitronenabrieb mit dem Öl zu einem Pesto gröberer Konsistenz mixen.

MIT SALZ UND PFEFFER abschmecken.

TIPP: *Statt des Kürbiskernöls lässt sich auch Olivenöl verwenden. Dieses ist weniger intensiv im Geschmack.*

Kürbiskern-Pesto

Kürbis-Kräuter-Brot

ZUTATEN *(für 4 Personen)*

200 g Kürbisfleisch
(am besten eignet sich ein Hubbard; einen ganzen oder halben Kürbis kaufen und die Reste zu Suppe, Konfitüre oder Kompott verarbeiten)
3 EL Wasser
1 Päckchen Hefe
1 Prise Zucker
400 g Mehl
1 Prise Salz
jeweils 1 Bd. Petersilie und Schnittlauch
3 Eier
100 ml Öl (z. B. Kürbiskern-, Walnuss- oder Rapsöl)

Kürbis-Kräuter-Brot

ZUBEREITUNG

FÜR DEN BROTTEIG Hefe in lauwarmes Wasser bröckeln, etwas Zucker dazugeben und gehen lassen. Den Kürbis teilen, in Streifen schneiden und raspeln.

DANN DIE KRÄUTER waschen, klein schneiden und mit den Kürbisraspeln mischen. Mehl in eine Schüssel geben, Salz und Eier hinzufügen, alles gut verrühren. Dann das Öl unter ständigem Rühren langsam hineingießen. Zum Schluss die Kürbis-Kräuter-Mischung unterheben und die aufgelöste Hefe hinzufügen.

DEN TEIG GUT VERKNETEN und 30 Minuten bei Zimmertemperatur ruhen lassen, den Teig nochmals gut durchkneten und in eine normale Kastenform geben.

DEN TEIG MIT DEM MESSER in der Mitte einritzen und mit der Gabel rechts und links ein paar Mal einstechen. So kann beim Backen die Luft aus dem Hefeteig besser entweichen und es gibt keine Risse im Brot. 60 Minuten bei 200 °C (Umluft) backen. Wer keinen Umluftherd hat, sollte das Brot 30 Minuten bei 220 °C backen und dann auf 200 °C herunterschalten. Öfter kontrollieren, ob die Kruste nicht zu dunkel wird.

ZUTATEN *(für 4 Personen)*

FÜR DEN MÜRBETEIG:

200 g Mehl
3–4 EL Zucker
100 g Margarine
1 Ei
1 EL Sauerrahm
1 Prise Salz

FÜR DIE FÜLLUNG:

2 Eier, 100 g brauner Zucker oder Rohrzucker
1 Zitrone (Schalenabrieb und Saft)
2 EL Sauerrahm
750 g Kürbis, entkernt, in Stücke geschnitten, geraspelt
150–200 g gemahlene Mandeln
2–3 EL gestiftete Mandeln
Puderzucker nach Geschmack

Kürbiskuchen

ZUBEREITUNG

FÜR DEN MÜRBETEIG Mehl, Zucker und Salz in eine Rührschüssel geben, Margarine in kleinen Stückchen hinzufügen. So lange rühren, bis die Teigmasse krümelig ist. Dann Ei und Sauerrahm verrühren und hinzugeben. Abschließend kurz mit der Hand durchkneten und für eine halbe bis eine Stunde kühl stellen.

FÜR DIE FÜLLUNG Eier, Zucker, Zitronenabrieb, Zimt und Rahm in eine Schüssel geben und verrühren. Die geraspelten Kürbisschnitze dazugeben und vorsichtig zusammen mit dem Zitronensaft unterrühren.

DIE GEFETTETE SPRINGFORM (24–26 cm Durchmesser) mit dem ausgerollten Mürbeteig auslegen und einstechen. Die gemahlenen Mandeln auf dem Boden verteilen und dann die Füllung daraufgeben. Zum Schluss Mandelstifte darüberstreuen.

DEN KUCHEN auf der untersten Schiene des Backofens bei 220 °C (Umluft ca. 180–200 °C) 50 Minuten backen. Nach dem Auskühlen mit Puderzucker bestäuben.

Kürbiskuchen

TIPP 1: *Für dieses Kuchenrezept eignet sich eine gelbfleischige, feste Kürbissorte am besten.*

TIPP 2: *Damit der Kuchen gut gelingt: Stets mit einem scharfen Messer arbeiten, den Kürbis in Viertel aufteilen und den Teigboden mit Mandeln belegen. So weicht der Kuchen nicht durch.*

Kürbismuffins

ZUTATEN *(für 4 Personen)*

FÜR DEN TEIG:

ca. 250 g Kürbis
225 g Mehl
½ TL Backpulver
½ TL Natron
¼ TL Muskatnuss
¼ TL gemahlener Ingwer
1 Prise Salz
125 g brauner Zucker
2 Eier
6 EL Öl
125 g saure Sahne oder Schmand

FÜR DIE STREUSEL:

100 g Mehl
60 g brauner Zucker
1 TL Zimt
60 g geschmolzene Butter

Kürbismuffins

ZUBEREITUNG

BACKOFEN AUF 200 °C (Umluft 170 °C) vorheizen. Kürbis säubern, entkernen und von groben Fasern befreien, 150 g abwiegen und raspeln.

DIE STREUSELZUTATEN mit einer Gabel zu groben Krümeln vermischen, beiseitestellen.

MEHL, BACKPULVER, Natron und Gewürze in einer Schüssel mischen. In einer weiteren Schüssel Zucker, Eier, Öl und saure Sahne verquirlen. Kürbisraspel unterheben.

FEUCHTE ZUTATEN mit einem Rührlöffel schnell mit der Mehlmischung vermengen. Den Muffinteig bis auf zwei Drittel Höhe in gefettete oder mit Papiermanschetten ausgelegte Muffinformen geben.

JE EINEN TEELÖFFEL der Streuselmischung über den Teig verteilen. Muffins ca. 25 Minuten backen.

ZUTATEN *(für 4 Personen)*
250 g Kürbis, feste Sorte
(z. B. Chamäleon, Delica, Golden Nugget,
Sweet Dumpling, Table Queen)
250 g Äpfel
50 g Zucker
2 EL Rosinen
2 Prisen Zimt
300 g Naturjoghurt
50 g gehackte Hasel- oder Walnüsse

Kürbis-Nuss-Joghurt

ZUBEREITUNG

DEN KÜRBIS und die Äpfel schälen, entkernen und grob raspeln.

ZUCKER, ROSINEN UND ZIMT in den Joghurt einrühren und mit den Kürbis-Apfel-Raspeln vermengen.

MIT DEN gehackten Nüssen garnieren und servieren.

Kürbis-Nuss-Joghurt

Kürbis-Orangen-Marmelade

ZUTATEN *(für ca. 6 Gläser à 220 ml Inhalt)*
600 g Kürbis (z. B. 1 kleiner Hokkaido)
400 ml Orangensaft mit Fruchtfleisch
(Handelsware oder frisch gepresst von 4 Orangen)
Abrieb und Saft von 1 unbeh. Zitrone
1000 g Gelierzucker 1:1
2 cl Orangenlikör (nach Belieben)

Kürbis-Orangen-Marmelade

ZUBEREITUNG

DEN KÜRBIS aufschneiden, schälen und entkernen. Das Kürbisfruchtfleisch fein raspeln und abwiegen. Mit Orangensaft und -fruchtfleisch in einen großen, hohen Topf geben. Die Masse weich kochen, dabei ab und zu umrühren.

DIE ZITRONE heiß abwaschen, trocknen und die Schale abreiben. Die Zitrone auspressen, den Zitronensaft mit dem Gelierzucker zur Kürbis-Orangen-Masse geben. Alles aufkochen und 4 Minuten sprudelnd kochen lassen. Währenddessen ständig umrühren. Die Gelierprobe machen und den Topf von der heißen Herdplatte ziehen. Den Orangenlikör unterrühren.

DIE HEISSE MARMELADE randvoll in die sauberen, heiß ausgespülten Gläser füllen und fest verschließen. Für 5 Minuten auf den Deckel stellen.

ZUTATEN *(für 12 Waffeln)*
250 g Kürbisfruchtfleisch, feste Sorte
(z. B. Buttercup, Butternut, Delica)
Abrieb von einer ½ unbeh. Zitrone
4 Eier, 125 g Butter
50 g Zucker
1 Päckchen Vanillezucker
1 Prise Salz
250 ml Milch
250 g Mehl
flüssige Butter für das Waffeleisen
Puderzucker zum Bestäuben

Kürbiswaffeln

ZUBEREITUNG

DAS FEIN GERASPELTE Kürbisfruchtfleisch mit der geriebenen Zitronenschale vermischen.

DIE EIER trennen. Anschließend die feste Butter mit Zucker, Eigelb, Vanillezucker und der Prise Salz schaumig schlagen. Milch und Mehl vorsichtig unterrühren. Das Eiweiß steif schlagen und zusammen mit dem Kürbisfruchtfleisch unterheben und zu einem Teig verrühren.

JEWEILS 2 BIS 3 ESSLÖFFEL Teig auf das mit der flüssigen Butter gefettete heiße Waffeleisen geben und zu goldbraunen Waffeln ausbacken.

DIE KÜRBISWAFFELN mit Puderzucker bestäuben und noch warm servieren.

Kürbiswaffeln

Vorweihnachtlicher Kürbiskuchen

TIPP: *Wer intensiven Kürbisgeschmack mag, kann beim Teig noch geriebenen Ingwer zugeben.*

ZUTATEN *(für 4 Personen)*

FÜR DEN TEIG:
5 Eigelb
200 g Zucker
60 g Paniermehl
etwas Zitronenabrieb
120 g Haselnüsse
100 g Mandeln
250 g geraspelter Kürbis
20 g Speisestärke
2 EL Kirschwasser
5 Eiweiß

FÜR DEN GUSS:
100 g Puderzucker
ca. 4 EL Zitronensaft

Vorweihnachtlicher Kürbiskuchen

ZUBEREITUNG

EIGELB UND ZUCKER Schaumig rühren und alle anderen Teigzutaten bis auf das Eiweiß zugeben. Das Eiweiß steif schlagen und dann vorsichtig unterheben. Im vorgeheizten Backofen (Elektroherd: 190–200 °C, Umluft: 170–180 °C) auf dem Blech 20–30 Minuten backen.

FÜR DEN ZUCKERGUSS Puderzucker und Zitronensaft verrühren und über den noch warmen Kuchen verteilen.

WEITERE VARIANTEN >>

ZUTATEN *(für 4 Personen)*
1 Päckchen Vanillepudding
½ l Milch
125 g Butter
evtl. Zitronen- oder Orangenaroma
200 g Schokoladenstreusel
oder Raspelschokolade

Vorweihnachtlicher Kürbiskuchen

VARIANTE 1

ZUBEREITUNG

DEN TEIG in eine Springform (26 cm Durchmesser) geben. Im vorgeheizten Backofen (Elektroherd: 190–200 °C, Umluft: 170–180 °C) ca. 40 Minuten backen und abkühlen lassen. Den abgekühlten Kuchen aus der Form nehmen. Einmal durchschneiden und mit einer leichten Buttercreme füllen. Dazu Vanillepudding von ½ l Milch nach Packungsanweisung kochen, abkühlen lassen.

FÜR DIE WEITERE BEARBEITUNG müssen Pudding und Butter genau die gleiche Temperatur haben, sonst gerinnt die Creme. Butter rühren, bis sie weich ist, dann erst löffelweise den Pudding dazugeben. Bei jeder Zugabe kräftig schlagen, damit die Creme duftig locker wird.

WER MÖCHTE, schmeckt sie noch mit Zitronen- oder Orangenaroma ab. Etwas Creme zurückbehalten und damit die Torte außen bestreichen, mit Schokoladenstreusel oder Raspelschokolade verzieren.

TIPP: *Jede Variante eignet sich sehr gut zum Einfrieren. Der Kuchen wird durch das Einfrieren noch saftiger.*

ZUTATEN *(für 4 Personen)*

1 TL Honigkuchengewürz
½ TL gemahlener Anis
½ TL Kardamom
evtl. etwas Zimt
250 g Kuvertüre
150 g gehackte Mandeln

VARIANTE 2

ZUBEREITUNG

IN DEN TEIG Honigkuchengewürz, gemahlenen Anis, Kardamom und evtl. noch etwas Zimt geben, alles verrühren. So entsteht ein leckerer Adventskuchen.

DEN TEIG wie auf Seite 85 backen und abkühlen lassen. Dann mit der geschmolzenen Kuvertüre überziehen und mit Mandeln bestreuen.

Zucchini-Mixed-Pickles

ZUTATEN

2 kg Zucchini
1 kg rote und gelbe Paprika
500 g Zwiebeln

FÜR DEN SUD:
Saft von 2 Zitronen
1 Flasche „Gurkenmeister“
1 l Wasser
½ l Apfelsaft
200 g Zucker
2 TL Salz
2 TL Currypulver
1 EL Senfkörner

Zucchini-Mixed-Pickles

ZUBEREITUNG

AUS DEN ANGEGEBENEN Zutaten den Sud kochen.

DAS GEMÜSE PUTZEN und waschen. Die Zucchini, Paprika und Zwiebeln klein würfeln, in den Sud geben und 5 Minuten darin kochen lassen.

ALLES ZUSAMMEN heiß in saubere, heiß ausgespülte Schraubgläser füllen, fest verschließen und auskühlen lassen.

Schnupper-Rezept

Käse-Hackfleisch-Eintopf

ZUTATEN *(für 4 Personen)*

2 Stangen Lauch
1 große Zwiebel
300 g gemischtes Hackfleisch
Öl zum Anbraten
1 l Gemüsebrühe
150 g Kräuterschmelzkäse
150 g Sahneschmelzkäse
Salz, Pfeffer
Zitronensaft oder Essig

ZUBEREITUNG

DEN LAUCH putzen, gründlich waschen und in feine Ringe schneiden. Zwiebel abziehen und würfeln. Das Hackfleisch in Öl anbraten, dann den Lauch und die Zwiebel dazugeben und ca. 10 min mitdünsten. Mit Gemüsebrühe aufgießen, aufkochen und ca. 15 min köcheln lassen.

DEN SCHMELZKÄSE dazugeben und in der Suppe bei kleiner Hitze schmelzen lassen. Abschließend mit Salz, Pfeffer und Zitronensaft bzw. Essig abschmecken.

TIPP: *Mit frischen Kräutern wie zum Beispiel Thymian und Rosmarin lässt sich dieser Eintopf sehr schön verfeinern.*

Leckere deftige Eintöpfe
96 Seiten, halbverdeckte Spiralbindung
€ 9,95
ISBN 978-3-7843-5221-3

… und 38 weitere

Käse-Hackfleisch-Eintopf

schmackhafte Eintopf-Rezepte der „Leckere …“-Erfolgsreihe.

Schnupper-Rezept

Grünkohl mit Linsen

ZUTATEN *(für 4 Personen)*

400 g Berglinsen
800 g Grünkohl
1 Stk. Ingwer (7 cm)
5 Knoblauchzehen
1 Chilischote
1 Bund Basilikum
2 Zwiebeln
Öl
Salz, Pfeffer

ZUBEREITUNG

DIE BERGLINSEN in Wasser bissfest kochen. Den Grünkohl vom Strunk befreien, gründlich waschen, ganz fein schneiden und in reichlich Salzwasser blanchieren. Danach durch ein Sieb abgießen und abtropfen lassen.

DEN INGWER und Knoblauch schälen, die Chilischote waschen und entkernen. Das Basilikum waschen und die Blätter abzupfen. Alle Zutaten zusammen mit evtl. etwas Wasser zu einer Paste pürieren.

DIE ZWIEBELN abziehen, klein hacken und in einem Topf in Öl braten. Danach die Ingwer-Basilikum-Paste, den Grünkohl und die Linsen zugeben. Das Ganze ca. 10 Minuten kochen. Anschließend sofort heiß servieren.

Leckere Grünkohl-Rezepte
96 Seiten, Spiralbindung
€ 9,95
ISBN 978-3-7843-5138-4

… und 33 weitere verblüffend

Grünkohl mit Linsen

vielseitige Grünkohl-Rezepte der „Leckere …"-Erfolgsreihe.

lecker!

sondern einfache, kreative Gerichte. Mit praktischer Spiralbindung!

BEST SELLER Reihe

Leckere
Herzhafte Kuchen
ISBN
978-3-7843-5044-8

Leckere
Kartoffel-Rezepte
ISBN
978-3-7843-5105-6

Leckere
Hackfleisch-
Rezepte
ISBN
978-3-7843-5090-5

Leckere
Schokoladen-
Sünden
ISBN
978-3-7843-5076-9

Leckere
Salat-Genüsse
ISBN
978-3-7843-5075-2

Leckere
Pilz-Rezepte
ISBN
978-3-7843-5125-4

Leckere
Kürbis-Rezepte
ISBN
978-3-7843-5220-6

Leckere
Lieblings-Aufläufe
ISBN
978-3-7843-5221-3

Leckere
deftige Eintöpfe
ISBN
978-3-7843-5222-0

Die Leckere-Kochbuchreihe:
Unsere beliebte Sammlerreihe zeichnet sich durch ihre absolute Praxistauglichkeit aus. Die Rezepte sind bestens erprobt, einfach nachzukochen und vermeiden abgehobene Zutaten und Utensilien. Die praktische Ringbindung ist perfekt für den Küchenalltag. Das Format findet in jeder Küche Platz.
96 Seiten, Spiralbindung.
Jeder Band nur € 9,95.

Leckere
Einfache
Nachspeisen
ISBN
978-3-7843-5149-0

Leckere
Grünkohl-Rezepte
ISBN
978-3-7843-5138-4

Leckere
Spargel-Rezepte
ISBN
978-3-7843-5073-8

Landwirtschaftsverlag Münster

LV·Buch
im Landwirtschaftsverlag GmbH,
48084 Münster

Impressum

REZEPTE
Walburga Loock
außer: Janny Hebel, S. 42, 50, 58
Beate Hauling, S. 66, 81
Norma Rehmann/Angelika Gördes-Giesen, S. 73, 74, 77, 85

FOTOS
Christian Brinkrolf
außer: shotshop, Seite 3
Merle Cramer, S. 43, 51, 59, 67, 80
Detlev Güthenke, S. 72
Atelier Dagmar Ossig, S. 75
Nitsche Fotografen, S. 76, 84

LEKTORAT:
Sabine Deing-Westphal, Rhede

GESTALTUNG:
Monika Wagenhäuser, LV·Buch

DRUCK:
Griebsch & Rochol Druck GmbH & Co. KG, Hamm

ISBN 978-3-7843-5220-6